使える！ 保育の あそび ネタ 集

工作 あそび編

自由現代社

JN075058

使える！保育のあそびネタ集 工作あそび編

もくじ

つくってあそぼう

作品づくり

楽器づくり

季節の工作

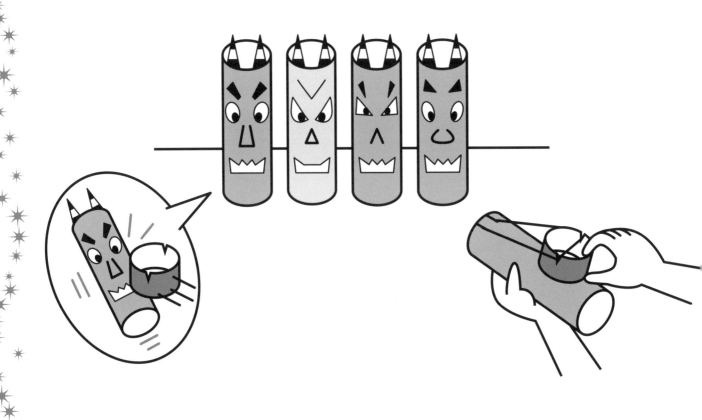

本書の内容と特長

◆さまざまな場面で使える工作あそび

　本書では、「つくってあそぼう」「作品づくり」「楽器づくり」「季節の工作」の4つのテーマで、指導者の皆さまが保育現場で使える工作あそびを、バリエーション豊富に紹介しています。

　画用紙、色紙、折り紙、ボール紙、紙ねんど、紙コップ、紙皿他、いろいろなものを使い、切ったり貼ったり塗ったりして、作品を仕上げます。また、牛乳パックやペットボトル、アルミ缶、トイレットペーパーのしん、発砲スチロールのトレイなど、リサイクル品を使った工作も多数取り上げています。さらに、つくったものであそんだり、飾りつけをしたり、音楽に合わせて合奏したりなど、さまざまな場面で使える工作あそびが満載です。

　子どもたちは、たくさんの工作あそびを体験することで、想像力や創造力を養い、指先を使うことで手先の器用さを培います。また、ものを作ることの楽しさや、作品が完成したときの達成感を味わいます。

◆イラストや写真を多用した構成

　本書では、イラストをふんだんに用い、指導者の皆さまが楽しく使えるように工夫を凝らしています。また、各工作あそびの写真を大きく掲載し、完成品などのイメージがわかるようになっています。

◆細かくわかりやすい説明

　各工作あそびごとに準備するものを細かく紹介しています。またつくりかたは、各過程ごとにイラストつきで、細かく丁寧にわかりやすく解説しています。

◆発展的な工作あそびのポイントやアドバイスなど

　基本的な工作あそびに加え、より発展的な工作あそびの内容や、つくる際や完成品であそぶ際のポイントやコツなども紹介しています。

① オリジナルカー

準備するもの

- ・ペットボトル
  （長方形のタイプのもの）
- ・色画用紙、折り紙
- ・ビニールテープ
- ・竹ひご
- ・クレヨン、ペンなど
- ・段ボール
- ・ペットボトルのふた
- ・ストロー
- ・ボンド、のりなど
- ・セロハンテープ
- ・はさみ　　・カッター
- ・定規

つくりかた

1 長方形のタイプのペットボトルに、ビニールテープなどを貼ったり、色画用紙や折り紙などにクレヨン、ペンなどで動物や人の顔を描いて切り、窓の部分に貼って、自由に車の形をつくります。

長方形のペットボトル

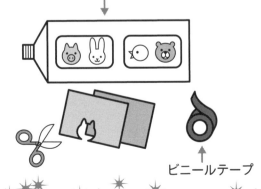

ビニールテープ

2 ストローをペットボトルの横幅より左右1cm長い長さに2本切ります。また、竹ひごはペットボトルの横幅より左右3cmずつ長く切り、同様に2本用意します。

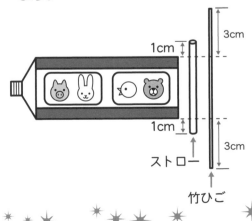

3cm
1cm
1cm
ストロー
3cm
竹ひご

3 段ボールを長さ30cm、幅1cmに切り、これを4つ用意します。切った段ボールをきっちりと巻いていき、ペットボトルのふたに詰めます。

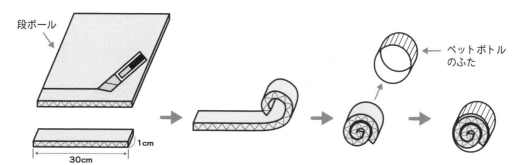

段ボール

ペットボトルのふた

1cm
30cm

4 ペットボトルのうら側の2ヶ所に、右の絵のようにストローをつけます。

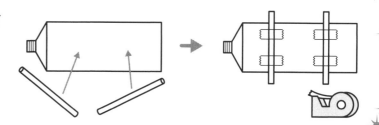

5 竹ひごの先にボンドをつけ、ふたに詰めた段ボールのまん中にさしこみます。ペットボトルにつけたストローにさしこんでから、反対側にもふたをつけます。もう一本のストローも同様にしてつくり、車輪にします。

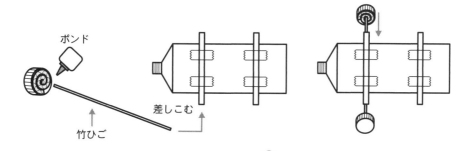

ボンド

竹ひご

差しこむ

あそびかた

車を動かして走らせます。

あそびの発展

スタートラインを決めて、誰が一番遠くまで走るかを競ってもおもしろいでしょう。

② トコトコネズミくん

準備するもの

- ・紙コップ
- ・画用紙、折り紙
- ・クレヨン、ペンなど
- ・乾電池
- ・輪ゴム
- ・セロハンテープ
- ・のり
- ・はさみ
- ・クリップ

つくりかた

1 紙コップに、クレヨンやペンなどでネズミを描き、画用紙や折り紙で目やしっぽをつくって貼りつけます。

のりしろ

絵のように、乾電池に輪ゴムをセロハンテープで貼りつけます。

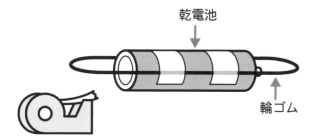

乾電池

輪ゴム

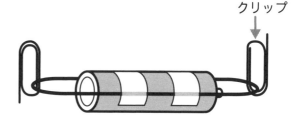 輪ゴムの両端にクリップをつけます。

クリップ

 紙コップにクリップをつけます。

あそびかた

乾電池をうしろに巻いて、床に置いて手を放すと、ネズミが前に進みます。

うしろに巻きます。

トコ トコ トコ

アドバイス

★ネズミではなく、人の形の顔や手をつけてもいいでしょう。

★乾電池の代わりに、油ねんどを使ってもいいでしょう。

ゆらゆら人形

ゆらゆら

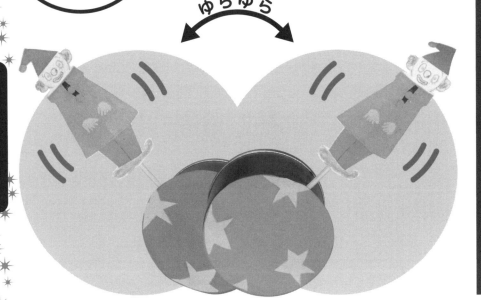

準備するもの

・あき缶(浅いタイプのもの)
・竹ひご
・画用紙、色画用紙
・折り紙
・クレヨン、ペンなど
・油ねんど
・はさみ
・セロハンテープ、
　両面テープなど

つくりかた

1 画用紙や色画用紙に、クレヨン、ペン、折り紙などを使って自由に人形の絵を描き、はさみで形を切ります。

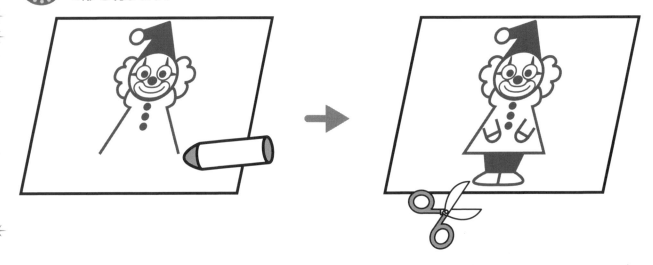

2 画用紙や色画用紙をあき缶の形に合わせて切り、好きな模様をつけます。

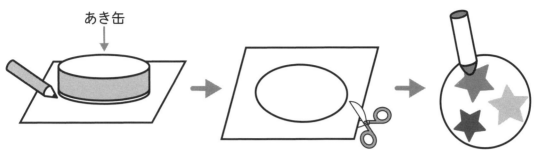

あき缶

3 あき缶の内側に、セロハンテープで少量の油ねんどを貼りつけます。

油ねんど

4 あき缶に、油ねんどの位置と垂直になるように竹ひご(10〜12cmくらいの長さのもの)を貼り、その上に**2**でつくったものを貼りつけます。

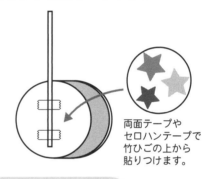

両面テープやセロハンテープで竹ひごの上から貼りつけます。

5 **1**でつくった人形を竹ひごの先に貼りつけます。

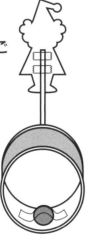

あそびかた

人形を指で軽く横に押して、揺らします。

アドバイス

★人形は缶の大きさよりやや小さめにつくり、竹ひごの上の方につけるといいでしょう。
★人形がうまく揺れないときは、油ねんどの量を調整してみましょう。
★人形は、いろいろな動物の形にしてもいいでしょう。

4 ジャンピングカエル

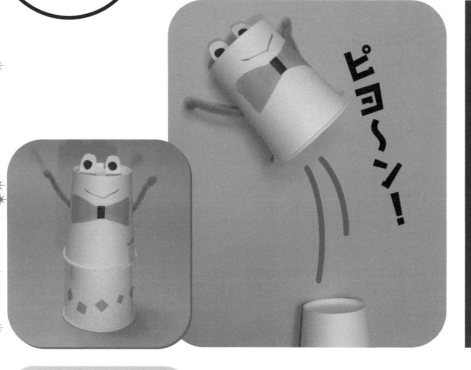

ピョ～ン！

準備するもの

- ・紙コップ
- ・画用紙、折り紙
- ・クレヨン、ペンなど
- ・モール
- ・輪ゴム
- ・はさみ
- ・セロハンテープ
- ・のり
- ・きり

つくりかた

① 紙コップは2つ用意します。ひとつの方に、クレヨンやペン、折り紙などを使ってカエルを描き、画用紙で目をつくり紙コップに貼りつけます。

のりしろ

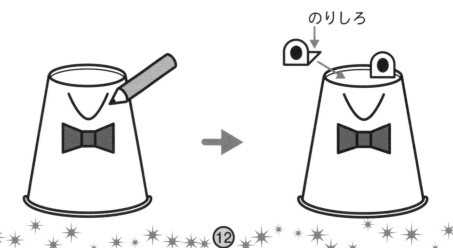

2 カエルの腕の部分2ヶ所に、きりで穴を
あけ、モールを通してうらからテープで
とめます。

モール

3 カエルの横2ヶ所に2本ずつ切りこみを
入れます。

下から$\frac{1}{3}$くらいのところ
まで切ります。

4 紙コップをひっくりかえして、**3**の切り
こみに輪ゴムをクロスしてかけ、セロハ
ンテープでとめます。

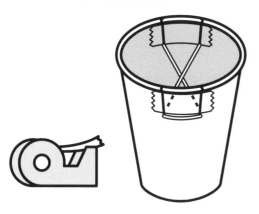

5 もうひとつの、ジャンプ台になる紙コッ
プの下の方に好きな模様をつけます。

あそびかた

カエルをジャンプ台用の紙コップに押しつけ、パッ
と手を放すと、ジャンプします。

あそびの発展

ジャンプの高さを競ったり、ふたり一組
になって、ジャンプしたカエルをキャッチ
しても楽しいでしょう。

5 ジャンプ！キャッチ！

準備するもの

- ・ペットボトル（500mlのもの）
- ・割りばし
- ・カッター
- ・ビニールテープ
- ・はさみ
- ・輪ゴム
- ・セロハンテープ
- ・新聞紙

つくりかた

1 ペットボトルをカッターなどで切ります。

15cm
くらい

2 切り口にビニールテープを巻きます。

3 ビニールテープを好きな形に切って、ペットボトルに貼ります。

4 割りばしの割れ目に輪ゴムを2本ひっかけ、輪ゴムがずれないように上下にセロハンテープを貼ります。

上下に
セロハンテープを
貼ります。

7cm
くらい

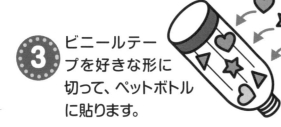

5 2本の輪ゴムの端にビニールテープをひっかけて貼ります。

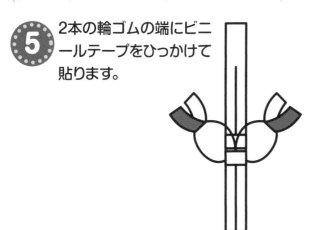

6 ペットボトルの穴から割りばしを入れ、外側をビニールテープでとめます。

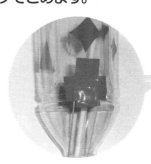

7 新聞紙をまるめてビニールテープでとめ、玉をつくります。

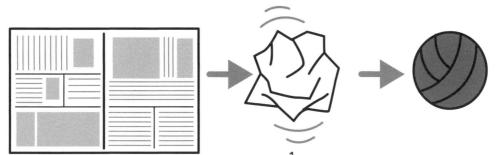

新聞紙 $\frac{1}{6}$ くらいの大きさでまるめます。

あそびかた

割りばしを引っ張って放すと、
玉が飛び出します。
飛び出した玉をキャッチします。

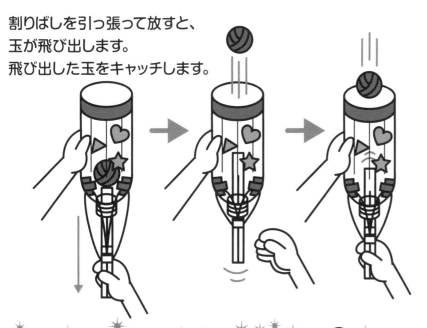

ア ドバイス

玉をキャッチするのが難しいときは、ジャンプさせるだけでもかまいません。
どれだけ高くジャンプさせられるかを競争してもおもしろいでしょう。

6 トレイパズル

つくってあ・そぼう

準備するもの

- ・発泡スチロールのトレイ
  （同じ大きさのものを2枚）
- ・画用紙
- ・クレヨン、ペンなど
- ・ボンド
- ・はさみ
- ・カッター
- ・定規

つくりかた

1 1枚の発砲スチロールのトレイの底（平らな部分）を、カッターで四角く切り抜きます。

定規をあてて
カッターで
切ります。

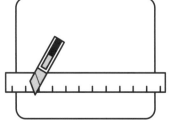 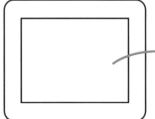 

2 ❶で切り抜いた底板全体に
ボンドを薄くぬり、少し乾か
します。

③ ②の底より少し大きい画用紙に好きな絵を描き、底板に貼ります。

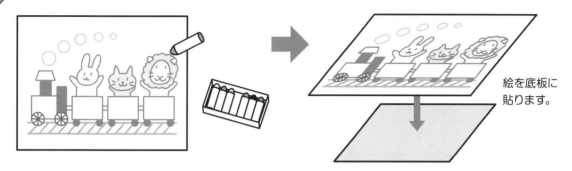

絵を底板に
貼ります。

④ よく乾かしてから、底板からはみ出した部分の画用紙を切り取って、好きな形に切り分け、
バラバラにします。

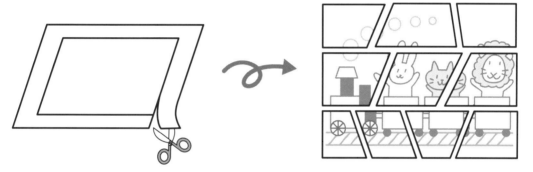

あそびかた

もう1枚のトレイに、❶の底板のまわりの枠を
はめ、バラバラにした絵をはめて、完成させま
す。

⑦ドバイス

枠の部分に模様を描いたり、折り紙な
どを切って貼って飾ってもいいでしょう。

7 おもしろシーソー

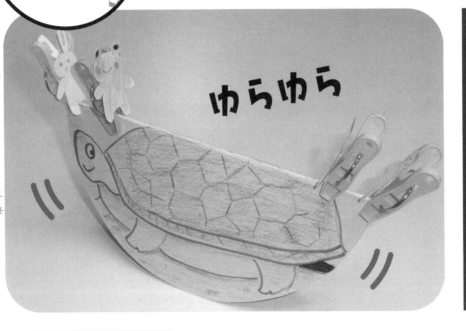

ゆらゆら

準備するもの

- ・大きめの皿
- ・ボール紙
- ・画用紙
- ・クレヨン、ペンなど
- ・洗濯ばさみ
- ・セロハンテープ
- ・はさみ

つくりかた

1 大きめの皿を使ってボール紙に円を書き、切りとります。

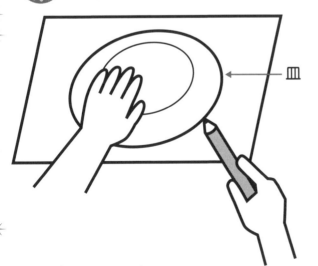

皿

2 半分に折って、揺れるかどうかを確認します。

クレヨンやペンなどで
自由に絵を描きます。

3 洗濯ばさみの大きさに合わせて、画用紙に動物の絵を描き、切りとって洗濯ばさみに貼りつけます。これをいくつかつくります。

  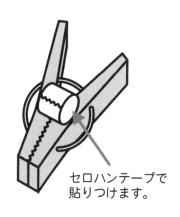

セロハンテープで
貼りつけます。

あそびかた

左右に同じ数の洗濯ばさみをつけて、揺らしてあそびます。
上だけでなく、横につけたり、洗濯ばさみをつないだりもできます。

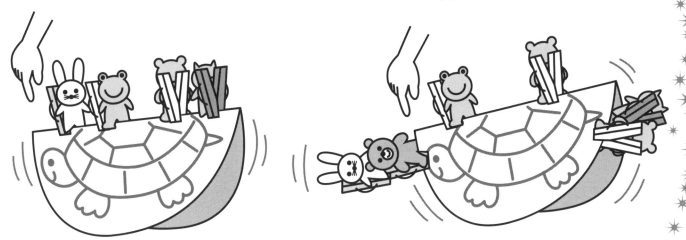

⑦ドバイス

うまく揺らすコツは、円をきれいに切ることと、ボール紙をぴったり半分に折ることです。また、上につける洗濯ばさみは軽くはさみましょう。

8 ダンシング人形

準備するもの

- ・牛乳パック
- ・色画用紙
- ・画用紙
- ・輪ゴム
- ・割りばし
- ・はさみ
- ・クレヨン、ペンなど
- ・セロハンテープ
- ・ボンド、のりなど
- ・千枚通し

つくりかた

1 下記のサイズに切った画用紙に自由に人形や人の顔と胴体の絵を描き、ボンドなどで牛乳パックに貼ります。牛乳パックの注ぎ口はセロハンテープで閉じます。

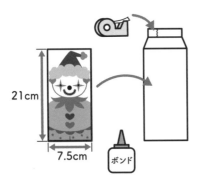

21cm

7.5cm

ボンド

2 牛乳パックの注ぎ口の中心に、千枚通しで穴を開け、輪ゴムを通し、さらに絵のように輪ゴムを2本つなげます。輪ゴムの先を割りばしに通し、割りばしの先をセロハンテープでとめます。

3 下記のサイズに切った色画用紙を4つ
つくり、3cm程度のジャバラ折りにし
ます。

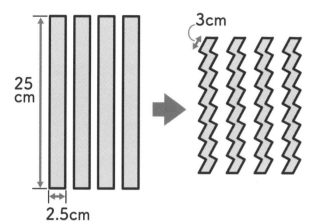

25cm

3cm

2.5cm

4 ③を牛乳パックの人形の左右の横と
底にセロハンテープでつけ、手足にし
ます。

5 色画用紙にクレヨンやペンで人形の
手や靴などを描き、切り取って人形の
手足の先にのりでつけます。

のり

あそびかた

割りばしを持って、
人形がダンスをする
ように動かします。

⑦ドバイス

★牛乳パックに開けた穴に輪ゴムが通しづらいときは、千枚通しの先で輪ゴムを押し込むとい
いでしょう。

★輪ゴムは、あと1～2本、本数を増やしてもかまいません。

★軽快なリズムの曲に合わせて、みんなでつくった人形を動かすと楽しいでしょう。

9 牛乳パックゴマ

クルクル！

準備するもの

・牛乳パック
・クレヨン、油性ペンなど
・はさみ
・セロハンテープ
・定規

つくりかた

① 牛乳パックの底と側面を、絵のように切りとります。

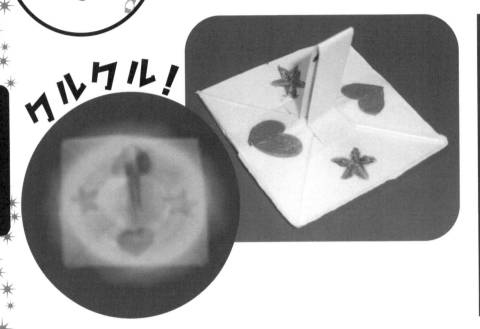

1.5cm

10cm

2 切りとった底の内側面に、クレヨンや油性ペンなど
で自由に絵を描きます。

3 とって部分を絵のように折って、セロハンテー
プでつけます。

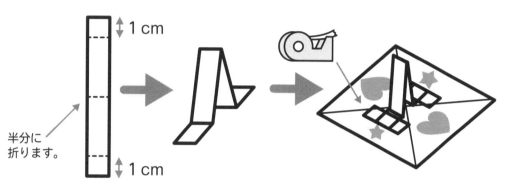

↕ 1 cm

半分に
折ります。

↕ 1 cm

あそびかた

とってをまわして、コマをまわします。

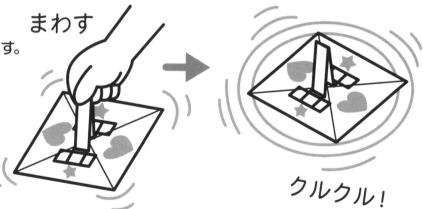

まわす

クルクル！

ア ドバイス

牛乳パックの底は、折り段差がついているの
で、それだけで簡単にまわります。
底にローソクなどをこすりつけると、よりすべ
りがよくなり、まわりやすくなります。

ローソク

底部分

10 紙皿ゴマ

クルクル！

準備するもの

- ・紙皿
- ・トイレットペーパーのしん
- ・ビニールテープ
- ・折り紙

- ・クレヨン、ペンなど
- ・豆、おはじきなど
- ・セロハンテープ
- ・ガムテープ

- ・のり
- ・はさみ
- ・カッター

つくりかた

1 紙皿を4つに折り、中心にペンの先などで目印をつけます。

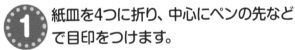

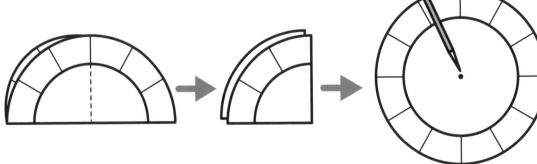

2 紙皿に自由に絵を描いたり、折り紙やビニールテープなどを貼って模様をつけます。

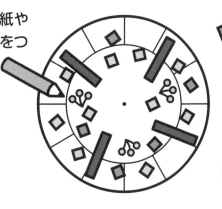

← ビニールテープ

3 トイレットペーパーのしんを2cmくらいに切って、ビニールテープなどで紙皿の中心に貼り、とってにします。

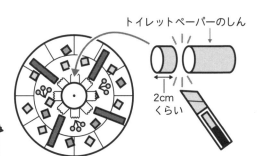

トイレットペーパーのしん

2cmくらい

4 紙皿のうらの中心に、ガムテープで豆またはおはじきをつけます。

あそびかた

とってをまわして、コマをまわします。

クル クル クル

あそびの発展

★紙皿をさかさにして、中心に棒を入れていきおいよくまわすと、皿まわしができます。

★作品展などの作品として、みんなの作品を壁に飾るときれいです。

11 紙とんぼ

つくってあそぼう

準備するもの

- ・牛乳パック
- ・はさみ
- ・ストロー
- ・セロハンテープ
- ・クレヨン、油性ペンなど
- ・定規

つくりかた

1 牛乳パックを開きます。

MILK

2 1.5cmくらいの幅に切りとります。

1.5cm くらい

3 半分に切って、はねをつくります。牛乳パックの白い部分を内側にして折ります。

4 ストローの先に1.5cmくらいの切りこみを入れます。

1.5cm くらいの 切り込み。

ストローの 先をつぶして 2枚を 一緒に切ります。

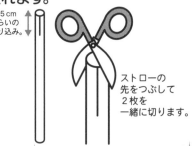

5 ストローにはねをはさんで、セロハンテープでとめます。

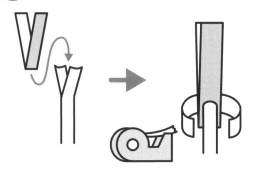

6 はねを絵のように折ります。

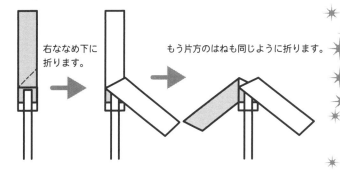

右ななめ下に折ります。

もう片方のはねも同じように折ります。

7 ストローを切ります。

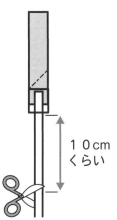

10cm
くらい

8 クレヨンや油性ペンで好きな絵を描いたり、色を塗ります。

あそびかた

両手でストローをこすり合わせます。

クルクル

すりすり

シュッ！

右手または左手をいきおいよく前に出します。

あそびの発展

ふたり一組になり、ひとりが飛ばした紙とんぼを相手がキャッチして、交互に飛ばしても楽しいです。

12 ストローひこうき

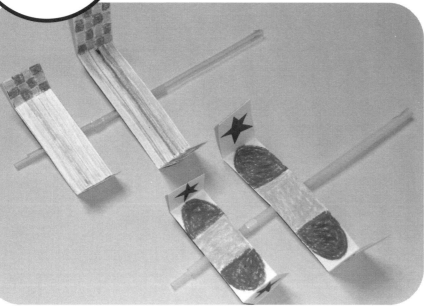

準備するもの

・ストロー
（細いもの、太いもの
各一本ずつ）
・画用紙
・クレヨン、ペンなど
・セロハンテープ
・はさみ
・定規

つくりかた

① 画用紙を下記のサイズに切って、2枚の翼をつくり、クレヨンやペンなどで好きな模様をつけます。

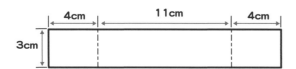

4cm　11cm　4cm
3cm

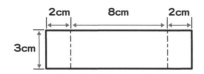

2cm　8cm　2cm
3cm

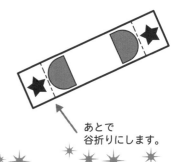

あとで
谷折りにします。

2 太いストローの先をセロハンテープでふさぎます。細長いストローを中に入れ、太いストローに息を吹きこんで、空気がもれていないか確認します。

太いストロー　　　　細いストロー

3 2枚の翼の両端の -----（谷折り部分）をやや折り、絵のようにセロハンテープでストローにつけます。このとき、翼のまん中がちょうどストローにくるようにします。

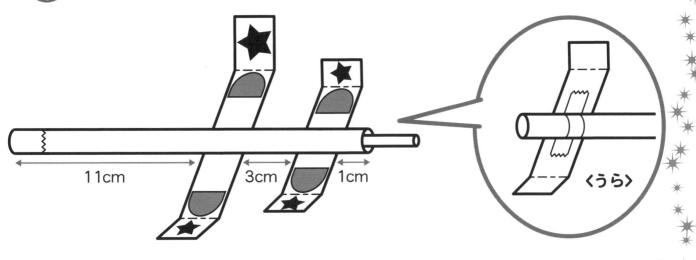

11cm　3cm　1cm　〈うら〉

あそびかた

細いストローに口をあて、息を吹いてひこうきを飛ばします。

！ アドバイス

★どれだけ遠くまで飛ばせるかを競争してもおもしろいでしょう。
★他の人に向けて飛ばさないように注意しましょう。

13 飛べ！ ひこうき

準備するもの

- ・色画用紙
- ・輪ゴム
- ・えんぴつ
- ・はさみ
- ・クレヨン、ペンなど
- ・セロハンテープ
- ・定規（30cm以上のもの）

つくりかた

1 色画用紙を半分に切ります。

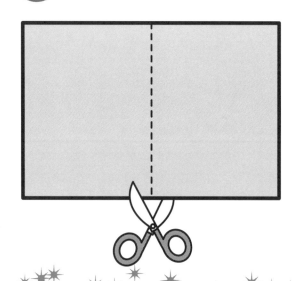

2 ①で半分に切った色画用紙のひとつを半分に折り、絵のようにえんぴつで線を書きます。

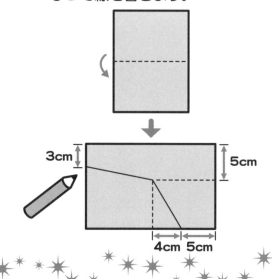

3cm　5cm
4cm　5cm

③ 色画用紙を重ねたまま、❷で書いた線の部分を切ります。

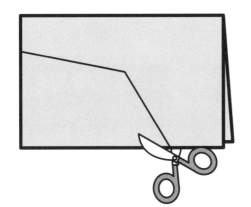

④ 絵のように、上を3cm残して、翼の部分を折ります。

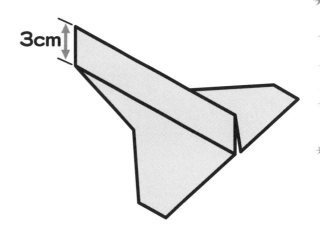

3cm

⑤ 翼の部分や窓の部分に絵を描きます。

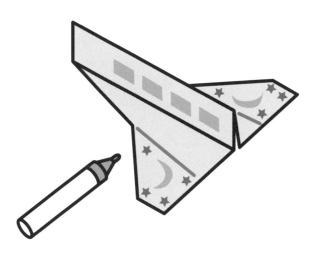

⑥ 絵のように上の部分に斜めに切りこみを入れ、輪ゴムをかけてセロハンテープでとめます。

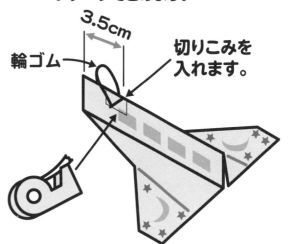

3.5cm

輪ゴム

切りこみを入れます。

あそびかた

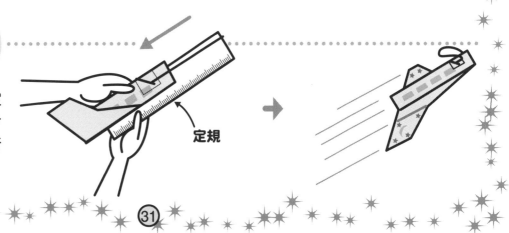

飛行機に定規をはさみ、定規の先の輪ゴムを引っかけて引っ張り、手を放すと飛行機が勢いよく飛びます。

定規

つくってあそぼう

クルクル水族館

準備するもの
- 紙コップ（2つ）
- クレヨン、ペンなど
- えんぴつ
- はさみ
- カッター

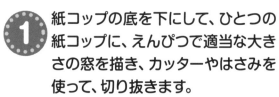
つくりかた

1 紙コップの底を下にして、ひとつの紙コップに、えんぴつで適当な大きさの窓を描き、カッターやはさみを使って、切り抜きます。

2 ❶の窓のまわりに窓枠を描いたり、まわりには好きな絵を描きます。

3 もうひとつの紙コップ全体に、2つの紙コップを重ねたときに❷の窓から見えるように、いろいろな魚の絵を描きます。

4 ❷の紙コップが外側になるように、❷と❸を重ねます。

あそびかた

内側の紙コップをクルクル動かすと、水族館の魚のように、次々といろいろな魚が現れます。

⑦ドバイス

魚の絵を、車や船の絵などにして、クルクル動かしても楽しいでしょう。

紙コップけん玉

準備するもの

- ・紙コップ
- ・クレヨン、ペンなど
- ・新聞紙
- ・折り紙
- ・ビニールテープ
- ・たこ糸
- ・のり
- ・カッター
- ・ストロー
- ・はさみ

つくりかた

1 紙コップは2つ用意し、ひとつは半分に切ります。

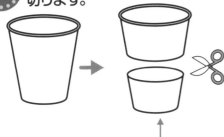

こちらを使います。

2 もうひとつの紙コップの底に、ボールペンの先などで穴をあけ、たこ糸を通します。
短く切ったストローにたこ糸の先を通し、結びます。

ストロー

③ 新聞紙をまるめ、もう片方のたこ糸の先にからめて、上からビニールテープを貼ります。

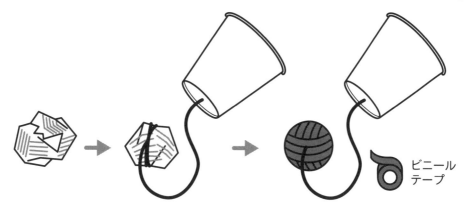

ビニール
テープ

④ ふたつの紙コップの底を合わせてビニールテープでとめます。

⑤ 折り紙やクレヨン、ペン、ビニールテープなどを使って、紙コップに自由に絵を描いたり、好きな模様をつけます。

あそびかた

紙コップの大きい方、小さい方に
それぞれ玉を入れます。

あそびの発展

★1分間に何回玉が入ったかなどをみんなで競ってもおもしろいでしょう。
★紙コップは、ひとつでもけん玉がつくれます。

16 紙皿フリスビー

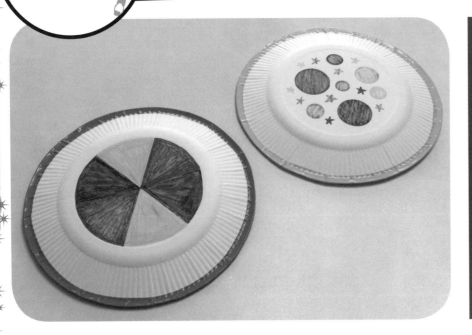

準備するもの

・紙皿（4枚）
・両面テープ
・ビニールテープ
・クレヨン、ペンなど

つくりかた

1 紙皿の4ヶ所に両面テープを貼り、上からもう一枚、紙皿を貼り合わせます。
これをくりかえして、4枚の紙皿を貼り合わせます。

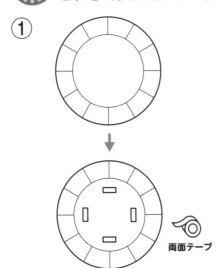

①

両面テープ

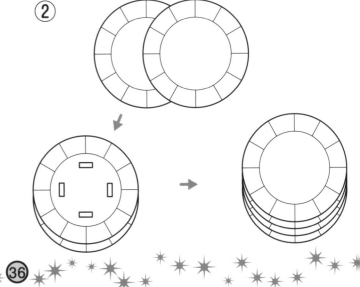

②

2 ①の紙皿のふちに、ビニールテープを貼ります。

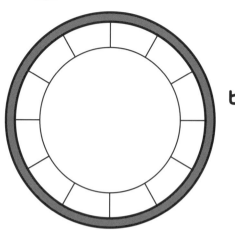

ビニールテープ

3 紙皿をうらがえし、底の部分にクレヨンやペンなどで自由に模様を描きます。

あそびかた

紙皿の底を上にして持ち、手首を動かして紙皿を傾けないようにまっすぐ飛ばします。

アドバイス

★どれだけ遠くまで飛ばせるかを競争してもおもしろいでしょう。
★広い場所で飛ばすようにし、他の人に向けて飛ばさないように注意しましょう。

おもしろ魚つり

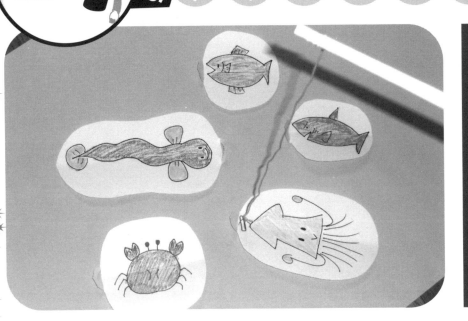

準備するもの

- ・画用紙
- ・割りばし
- ・クレヨン、ペンなど
- ・クリップ
- ・はさみ
- ・たこ糸
- ・セロハンテープ

つくりかた

1 画用紙を半分に切り、だ円や丸形などに切り、先の部分は絵のように切ります。

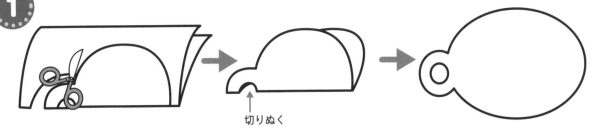

切りぬく

2 クレヨンやペンなどで、自由に魚などの絵を描きます。

③ たこ糸を30〜40cmの長さに切り、割りばしの先に結び、セロハンテープでとめます。

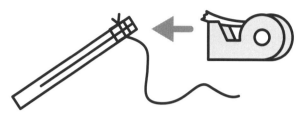

④ クリップをV字型に折り、片方にたこ糸の先を結びます。

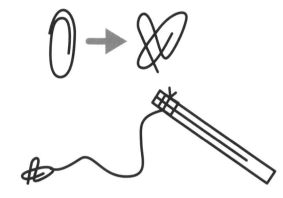

あそびかた

魚の引っかける部分を直角に曲げ、さおを使って魚をつり上げます。

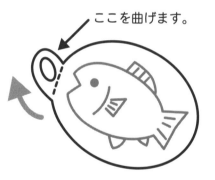

ここを曲げます。

青いビニールシートなどを使って海に見立てます。また、フープなどを使って池に見立ててもいいでしょう。

あそびの発展

★糸の部分を長くするほど、魚がつりにくくなります。
★それぞれの魚に点数を書いておき、つり上げた魚の合計得点を競ってもおもしろいです。
★魚の代わりに、やさいやくだもの、お菓子の絵などを描いてもいいでしょう。

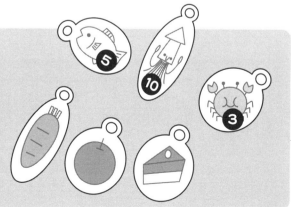

ちぎってビニールボール

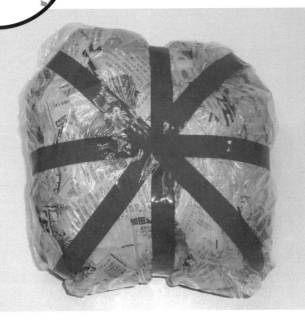

準備するもの

- ・新聞紙
- ・ビニール袋
- ・セロハンテープ
- ・ビニールテープ

つくりかたとあそびかた

1 みんなで自由に新聞紙をちぎります。

2 ちぎった新聞紙をみんなでかけ合ったり、紙ふぶきのように投げてあそびます。

つくってあそぼう

③ ちぎった新聞紙を集めてビニール袋に入れ、口をセロハンテープでとめて、全体にビニールテープで模様をつけます。

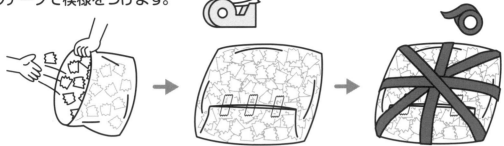

あそびのバリエーション 1

つくったボールを、みんなで投げたりけったりしてあそびます。

あそびのバリエーション 2

チームを分けて、ボール運びリレーやボール送りリレーをします。

！ アドバイス

新聞紙をどこまで小さくちぎれるかをためしてみたり、紙の目に沿ってちぎったりすると楽しいでしょう。また、ちぎった新聞紙をかけ合うときなどは、思いきり気分を発散して楽しみましょう。

19 段ボール空気砲

準備するもの

- ・段ボール
- ・模造紙
- ・折り紙
- ・紙皿
- ・クレヨン、ペンなど
- ・洗濯ばさみ
- ・のり
- ・はさみ
- ・カッター

つくりかた

1 段ボール全体に模造紙を貼り、カッターで側面に1ヶ所丸い穴をあけます。

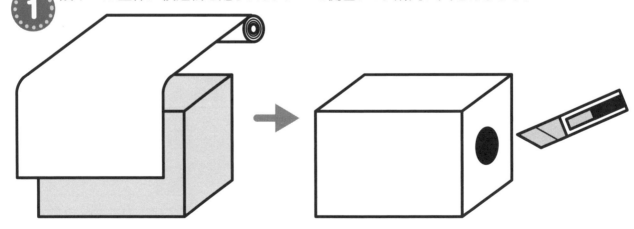

② 折り紙を4つに折り、花の形などに切って、段ボールに貼ります。

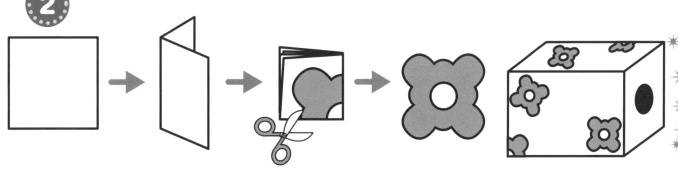

③ 折り紙などで手の形をつくり、段ボールの手をたたく位置（空気を押し出す位置）2ヶ所に貼ります。これで空気砲の完成です。

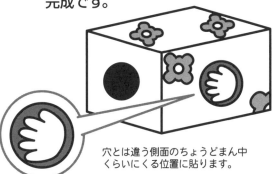

穴とは違う側面のちょうどまん中くらいにくる位置に貼ります。

④ 紙皿に、クレヨンやペンなどで好きな絵を描きます。

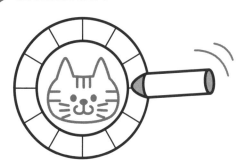

あそびかた

長いテーブルを用意します。洗濯ばさみを2つ使って紙皿を立たせ、並べます。空気砲は穴を紙皿に向けて置き、両手で段ボールの横をたたいて紙皿をたおします。

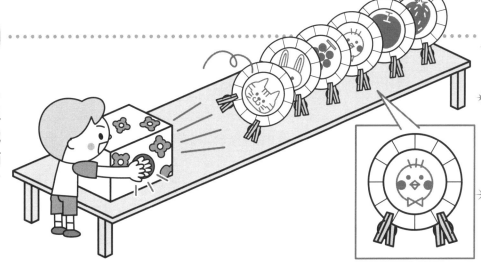

⑦ドバイス

紙皿の代わりに、ボール紙や板目紙などを丸く切ったものを使ってもいいでしょう。

20 音まね工作① 「セミの鳴き声」

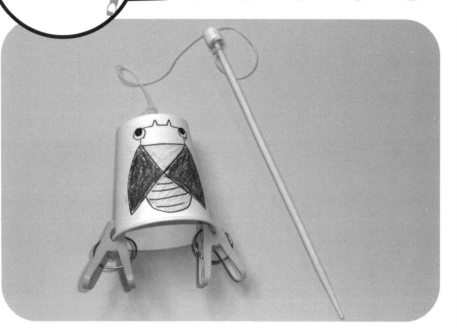

準備するもの

- ・紙コップ
- ・たこ糸
- ・ストロー
- ・画用紙
- ・丸い棒
- ・クレヨン、ペンなど
- ・ボンド、のりなど
- ・洗濯ばさみ
- ・はさみ
- ・定規

つくりかた

1 画用紙にセミの絵を描いて切り抜き、紙コップに貼ります。

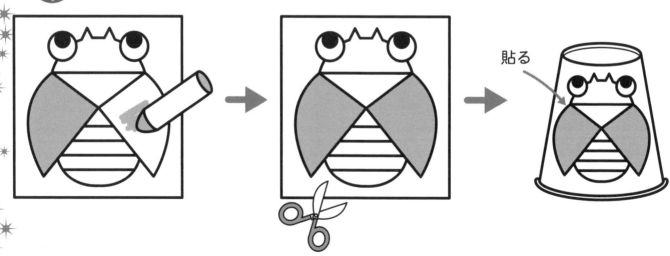

貼る

2 紙コップの底にボールペンの先などで穴をあけ、たこ糸を通します。
短く切ったストローにたこ糸の先を通し、結びます。

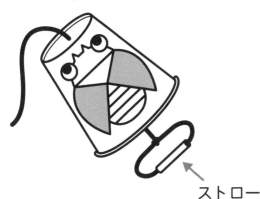

ストロー

3 画用紙を細長く切って、丸い棒の先にボンドなどで貼りつけながら巻きつけます。

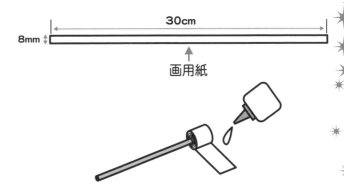

30cm
8mm
↑
画用紙

4 たこ糸の先を丸い棒が通るくらいの輪にして、輪の部分をぬらして棒に通します。

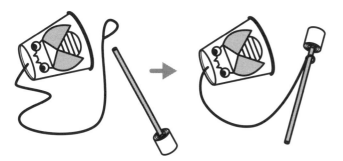

5 絵のように、紙コップの2ヶ所に洗濯ばさみをつけます。

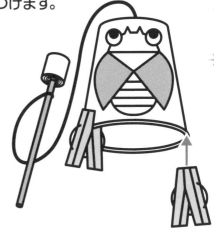

あそびかた

棒を持って、紙コップをふりまわします。

ギィィィ

ギィギィ!

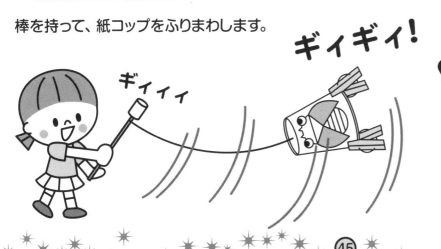

アドバイス

紙コップをふりまわすときに、人にあてないように注意しましょう。

つくってあそぼう 21

音きね工作② 「犬の鳴き声」

つくってあそぼう

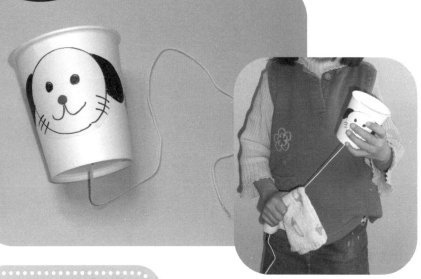

準備するもの

- ・紙コップ
- ・たこ糸
- ・ストロー
- ・画用紙
- ・タオル
- ・クレヨン、ペンなど
- ・ボンド、のりなど
- ・はさみ

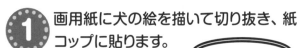

つくりかた

1 画用紙に犬の絵を描いて切り抜き、紙コップに貼ります。

2 紙コップの底にボールペンの先などで穴をあけ、たこ糸を通します。
短く切ったストローにたこ糸の先を通し、結びます。

ストロー

あそびかた

タオルをぬらしてたこ糸をはさみ、片手で紙コップをしっかり持ち、タオルでたこ糸を引っ張ります。

ワン！

アドバイス

とても大きな音がしますので、人の耳元で音を出さないように注意しましょう。

22 つくってあそぼう 音まね工作③「波の音」

準備するもの

- 長方形の紙の箱
- 画用紙
- 折り紙
- あずき（70～100gくらい）
- クレヨン、ペンなど
- ビニールテープ
- のり

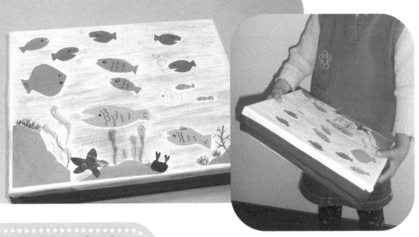

つくりかた

1 箱のふたに画用紙を貼り、中に70～100gくらいのあずきを入れて、ビニールテープで箱をとじます。

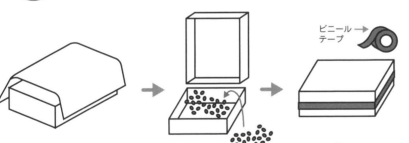

ビニールテープ

あずき

2 箱の表面や側面に折り紙やクレヨン、ペンなどを使って、自由に海や魚の絵を描きます。

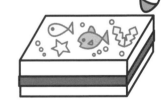

あそびかた

両手で箱を持って、ゆっくり左右に傾けます。

ざ～

ザ～

アドバイス

★あずきの量を変えたり、傾けるスピードを速くすると、雨の音にも聞こえます。

★あずきの代わりにお米を使ってもいいでしょう。

作品づくり ①　スタンプあそび

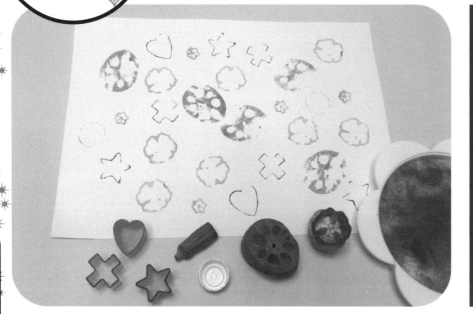

準備するもの

- レンコン、ピーマン、
  オクラ、ブロック、
  ペットボトルのふたなど、
  空どうのあるもの
- スタンピング皿、スポンジ
- 絵の具
- 画用紙
- 包丁またはカッターなど

つくりかた

1 やさいはそれぞれ絵のように切ります。

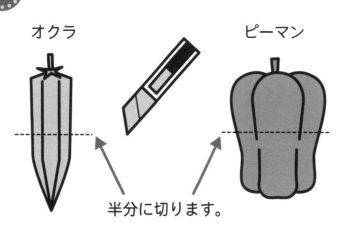

オクラ　　　　　　ピーマン

半分に切ります。

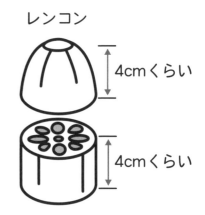

レンコン

4cmくらい

4cmくらい

2 スタンピング皿にスポンジをセットし、濃いめに水で溶いた絵の具をスポンジにしみこませます。ひとつの皿に一色の絵の具をしみこませて、2〜3色分の皿を用意します。

3 ①で切ったやさいやブロック、ペットボトルのふたなどに絵の具をつけて、スタンプのように画用紙に押していきます。

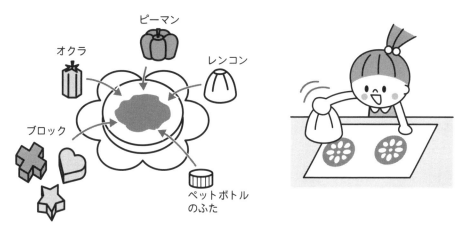

★ただ押すだけでなく、模様を使って何かの形にしてもおもしろいでしょう。

レンコン

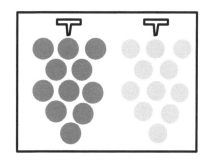

ペットボトル
のふた

！アドバイス

スタンプあそびは、個人差もなく誰でもできるあそびなので、絵画が苦手な子どもでも楽しんで取り組めます。

作品づくり

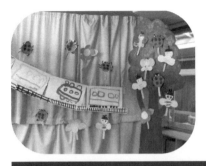

準備するもの

- ・色画用紙
- ・折り紙
- ・クレヨン、ペンなど
- ・モール
- ・のり
- ・はさみ
- ・セロハンテープ

つくりかた

1 色画用紙を大小丸く切ります。また昆虫の胴の部分などを絵のような細長い形に切ります。

 →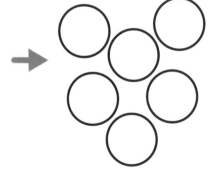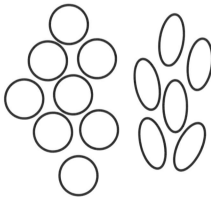

2 ①で切ったものを組み合わせて貼り、昆虫の形をつくります。
折り紙やクレヨン、ペンなどを使って、昆虫の顔や模様を描きます。

ミツバチ

テントウ虫

ちょうちょう

3 モールで昆虫の足や触角をつくり、うら側にセロハンテープでとめます。

4 できた昆虫は、大きな木の飾りや壁などに飾ります。

つける

アドバイス

色画用紙はいろいろな色を使うと、飾ったときにきれいで楽しいでしょう。

3 動物おりがみ

準備するもの

- ・折り紙
- ・色画用紙
- ・クレヨン、ペンなど
- ・のり
- ・はさみ
- ・模造紙

つくりかた

1 折り紙でいろいろな動物の顔をつくり、クレヨンやペンなどで目や鼻を描きます。

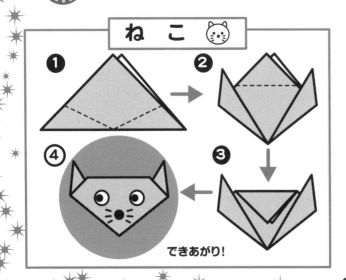

ねこ

① ② ③ ④ できあがり!

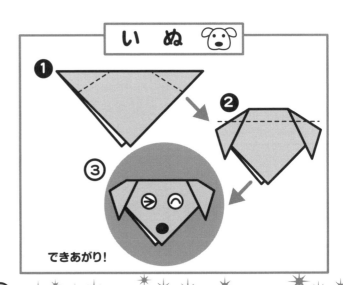

いぬ

① ② ③ できあがり!

ブタ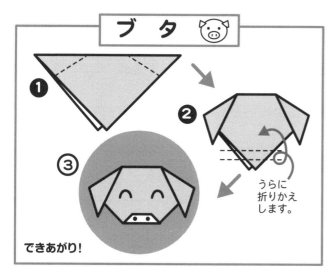

① ② ③

うらに
折りかえ
します。

できあがり!

ゾウ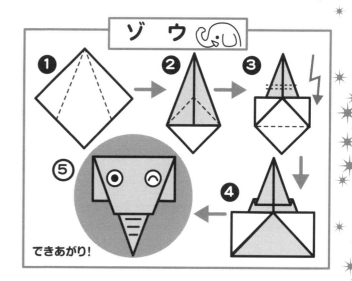

① ② ③ ④ ⑤

できあがり!

キツネ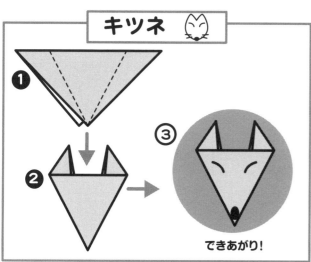

① ② ③

できあがり!

2 色画用紙を使って動物の胴やしっぽを
つくり、顔を貼りつけます。

しっぽを
貼ります。

3 大きな模造紙に、つくった動物を立て、
草や柵をつくって立てて、動物園に見
立てます。

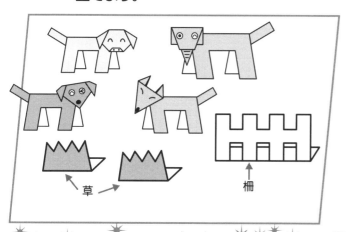

← 草 → 柵

あそびの発展

折り方を少し変えて、別のいろいろな動
物にアレンジしてもいいでしょう。

ウマ　　ウサギ

牛乳パックのバッグ

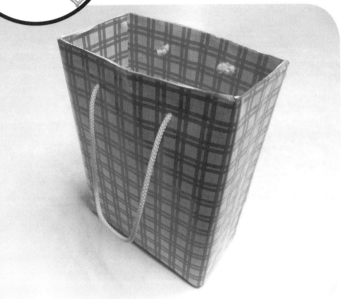

準備するもの

- 牛乳パック（1リットルのもの2つ）
- 包装紙
- ひも
- 両面テープ
- セロハンテープ
- ボンド、のりなど
- はさみ
- カッター
- 千枚通し

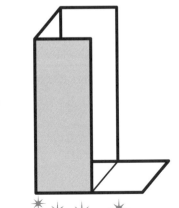

つくりかた

1 牛乳パックの上の部分を切り離し、一面を開いて、絵のように切ります。これを2つつくります。

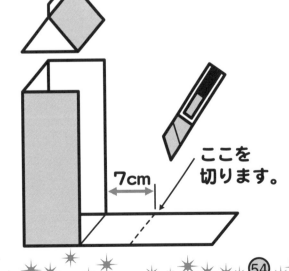

7cm

ここを切ります。

2 絵のように2つの牛乳パックを組み合わせて合体させます。

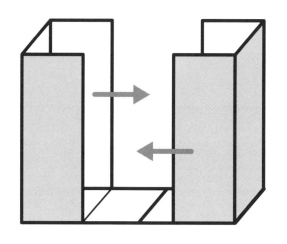

3 底の部分に両面テープを貼り、外側と内側をセロハンテープでとめて、つなげます。

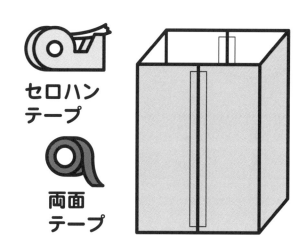

セロハン
テープ

両面
テープ

4 まわり全体と内側に、包装紙を貼ります。

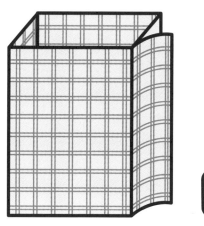

ボンド

5 絵のように上の方に2ヶ所ずつ穴を開け、ひもを通して内側で結びます。

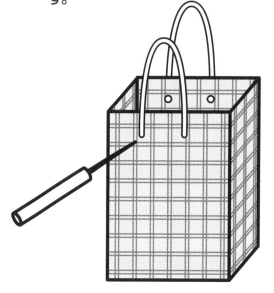

アドバイス

お店屋さんごっこなどで、お買い物バッグとして使うと楽しいでしょう。

5 紙皿レターラック

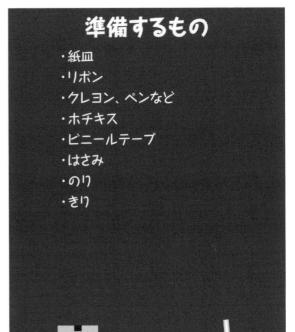

準備するもの

- 紙皿
- リボン
- クレヨン、ペンなど
- ホチキス
- ビニールテープ
- はさみ
- のり
- きり

作品づくり

つくりかた

1 紙皿を半分に切ります。

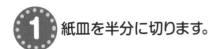

2 ①で半分に切った紙皿のうら側に、クレヨンやペンなどで自由に絵を描きます。

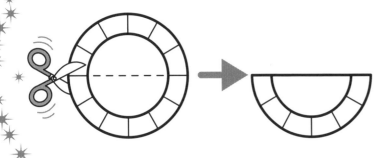

③ もう1枚紙皿を用意し、おもて面とおもて面を合わせてホチキスでとめ、その上にビニールテープを貼ります。

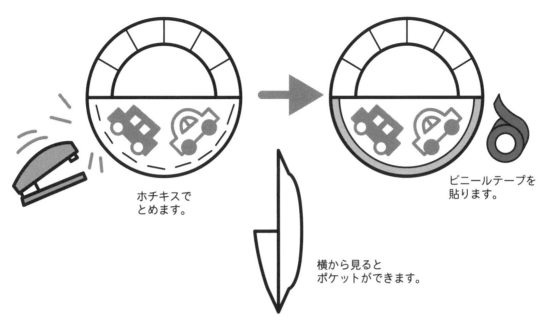

ホチキスで
とめます。

横から見ると
ポケットができます。

ビニールテープを
貼ります。

④ 紙皿の上の2ヶ所に絵のようにきりで穴をあけ、そこにリボンを通して結びます。

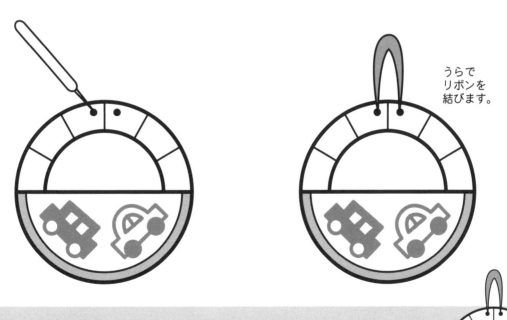

うらで
リボンを
結びます。

アドバイス

絵を描く部分にお母さんの絵を描いて、母の日のプレゼントにしても
いいでしょう。

パクパクガエル

準備するもの

- 紙コップ
- 紙皿
- 折り紙
- 色画用紙
- はさみ
- クレヨン、ペンなど
- セロハンテープ
- のり

つくりかた

同じ色の折り紙を2枚用意します。紙コップに折り紙を貼り、上のあまった部分は折りたたみます。もう一枚は、最初に貼った折り紙にかぶせるように同様に貼ります。

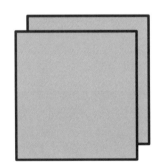

折りたたみます。

折り紙をかぶせてセロハンテープでとめます。

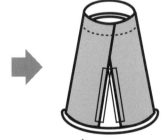

もう一枚の折り紙をかぶせて、のりで貼ります。

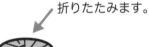

2 紙皿を半分に折り、端の2ヶ所を折り
かえし、カエルの口にします。

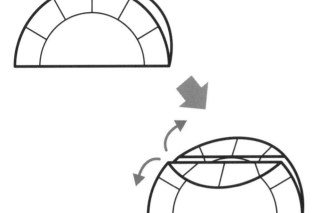

3 ②で作ったカエルの口を①にセロハン
テープで貼ります。

4 折り紙や色画用紙、クレヨン、ペンなどを使って、カエルの目や舌、手、お腹部分、蝶ネク
タイなどをつくり、③に貼ります。

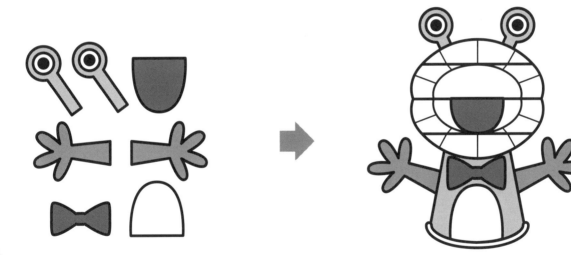

 アドバイス

★カエルの口の部分を上からくりかえし押すと、口がパクパク動きます。

★カエルの胴体や手、目などに使用する折り紙や色画用紙の色は、必ずしも緑色や黄緑色でな
　くてもかまいません。いろいろな色でつくると楽しいでしょう。

★目や舌、手などのパーツを変えて、同様のつくりかたで、他の動物やおばけ、かいじゅうなど
　にしてもおもしろいでしょう。

7 オリジナル時計

準備するもの

- ・かけ時計
  （100円ショップなどで売っているもの）
- ・色画用紙
- ・色板、折り紙など
- ・えんぴつ
- ・ビーズ
- ・はさみ
- ・ボンド、のりなど

つくりかた

1 時計の上のプラスチックのふたと針をはずし、内側の大きさに合わせて画用紙を切ります。

 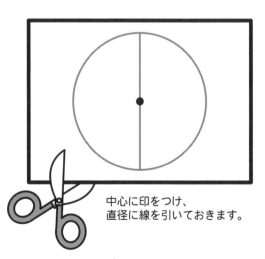

中心に印をつけ、
直径に線を引いておきます。

2 ●で切りとった色画用紙に、えんぴつで好きな模様を描き、細かくした色板や
折り紙などをボンドやのりで貼ります。

 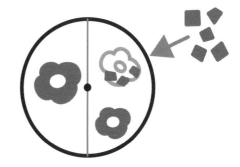

3 ❷でつくった色画用紙の半径部分に切りこみを入れ、時計にはめこみます。

切る

 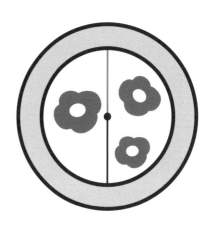

4 12時、3時、6時、9時を示す4ヶ所にビ
ーズを貼り、●ではずした針とプラス
チックのふたをはめて、できあがり！

ビーズ

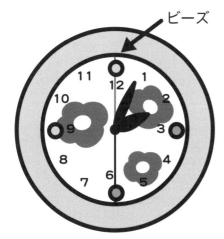

できあがり！

アドバイス

★作品展などの作品として、みんなの作
　品を壁に飾ると豪華です。
★いろいろな色の色画用紙を使うと、飾
　ったときにきれいです。

準備するもの

- ・色画用紙
- ・折り紙
- ・はさみ
- ・セロハンテープ
- ・のり
- ・定規

つくりかた

1 色画用紙を2つに折って、1.5cmくらいの切りこみを入れ、広げます。

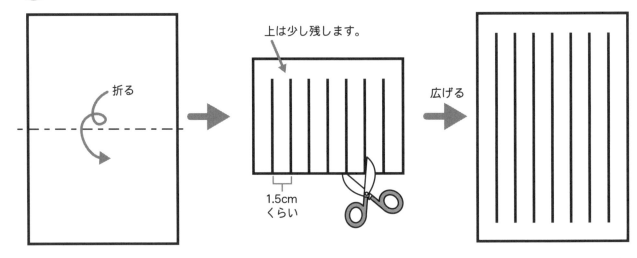

折る

上は少し残します。

広げる

1.5cm
くらい

② 1.5cm幅に切った2色の色画用紙をたくさん用意します。長さは、❶の色画用紙よりやや長くします。

少し長め

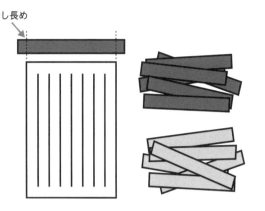

③ ❶の色画用紙に、❷のテープ状に切った2色の色画用紙を一列おきに交互にくぐらせていきます。

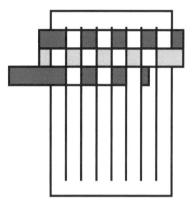

④ ❸でテープ状のはみ出した部分は、うらに折りかえしてセロハンテープでとめます。

セロハンテープでとめます。

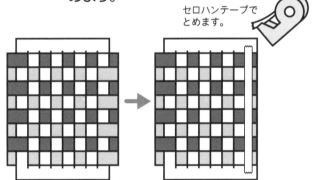

⑤ ❶の色画用紙と同じ大きさの色画用紙を2つに折って、何かの形に切ります。

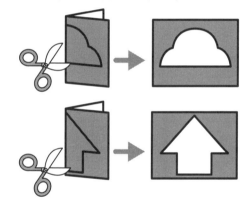

⑥ 紙おりものの上に❺を貼りつけ、折り紙で車のタイヤや家のえんとつなどの形をつくって上から貼りつけます。

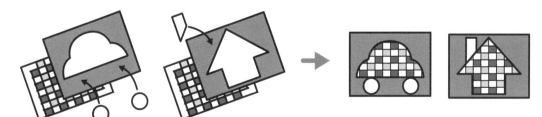

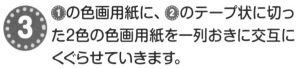

ア **ドバイス**

ベースにする色画用紙は薄い色のもの、テープ状にくぐらせる色画用紙は濃いめのもの、上から貼りつける色画用紙は濃いめのものにするなど、変化をつけると、完成したときにきれいです。

9 紙はんが

準備するもの

・画用紙　　　・のり　　　　　・新聞紙　　　　　　　　　　・えんぴつ、ペンなど
・インク　　　・インク皿　　　・厚い本など重しになるもの　・はさみ
・ローラー　　・バレン

つくりかた

1 画用紙を人の顔や動物の形に切ります。

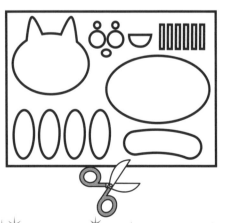

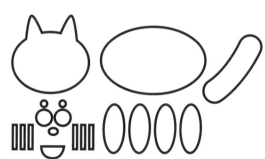

2 画用紙で髪の毛、目、鼻、口、手、足、しっぽなどを切って、❶の人の顔や動物に貼り、凹凸をつけます。これが原版になります。原版は、つくった日は厚い本などを乗せて、一日以上おきます。

3 机に新聞紙を広げ、その上に❷でつくって一日以上おいた原版を置きます。
ローラーにインクをつけて原版にインクをつけ、別の新聞紙に画用紙の形を描いたものの上にインク面を上にして置きます。

別の新聞紙に、画用紙の形を先に書いておきます。

インクをつけた
原版を置きます。

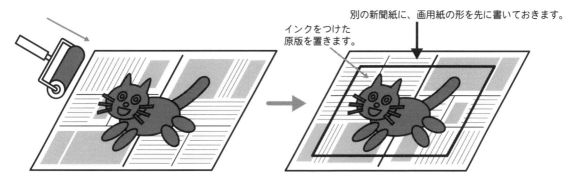

4 ❸の原版を乗せた新聞紙の上に、形を合わせて別の画用紙を置きます。バレンで上からしっかりこすり、ゆっくり画用紙をはがします。

アドバイス
はんがのうらに、ひとまわり大きい色画用紙を貼ると、飾ったときにより見栄えがよくなります。

1 ペットボトルマラカス

準備するもの

- ペットボトル
- あずき（20〜30gくらい）
- ビニールテープ
- はさみ

つくりかた

1 ビニールテープを好きな形に切って、ペットボトルに貼ります。

2 ペットボトルに20〜30gくらいのあずきを入れ、ふたをします。

あずき

あそびかた

ペットボトルをさかさにしてふたの部分を持ち、ふって音を出します。

シャカ シャカ シャカ

シャカ シャカ

アドバイス

あずきの代わりにお米を入れてもいいでしょう。

楽器づくり

楽器づくり 2 輪ゴムハープ

準備するもの

・発泡スチロールのトレイ
・クレヨン、ペンなど
・輪ゴム

つくりかた

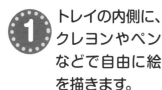

1 トレイの内側に、クレヨンやペンなどで自由に絵を描きます。

2 絵のようにトレイに5～6本輪ゴムをかけます。

あそびかた

輪ゴムをハープのようにはじいて、音を出します。

ポロ～ン♪　ポロ～ン♪

あそびの発展

★輪ゴムの張り方を変えると、音の高さが変わります。ピンと張ると高い音になり、ゆるく張ると低い音になります。
輪ゴムの張り方をいろいろ変えて、音の高低の違いを聞き比べてみましょう。

★輪ゴムをはじいて音を出す他、指でつまんで放してみましょう。大きくつまむほど、大きな音が出ます。

動物カスタネット

準備するもの

- ・牛乳パック
- ・ペットボトルのふた
- ・はさみ
- ・セロハンテープ
- ・クレヨン、ペンなど

つくりかた

① 牛乳パックを開き、絵の黒い部分をはさみで切ります。

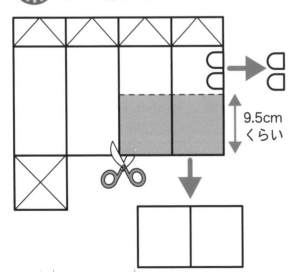

9.5cm
くらい

② 白い部分を外側にして折り、2枚重ねて絵のように切ります。

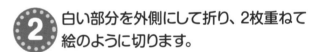

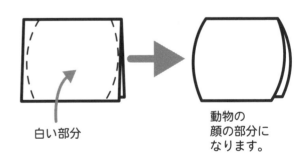

白い部分

動物の
顔の部分に
なります。

楽器づくり

3 動物の耳の部分をセロハンテープでつけます。

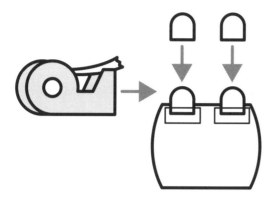

4 おもてにクレヨンやペンで好きな動物の顔を描きます。

5 内側の3ヶ所に、絵のようにペットボトルのふたをつけます。

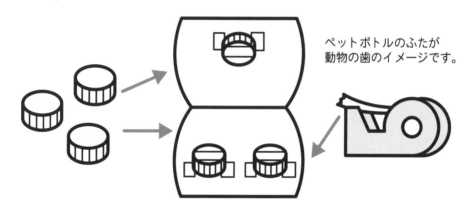

ペットボトルのふたが
動物の歯のイメージです。

あそびかた

カスタネットのようにたたくと、ペットボトルのふたがぶつかり合って音が鳴ります。

カチ
カチ♪

！アドバイス

音楽のリズムに合わせてたたいてみましょう。

4 カップ麺容器ボンゴ

準備するもの

・カップ麺の容器
　（口が広いものを2つ）
・布テープ
・ビニールテープ
・はさみ

つくりかた

1

カップ麺の容器の口の部分に、布テープを放射線状に
隙間がなくなるまで貼ります。これを2つつくります。

2 容器の側面に縦にふたつの色のビニールテープを、色が交互になるように貼ります。

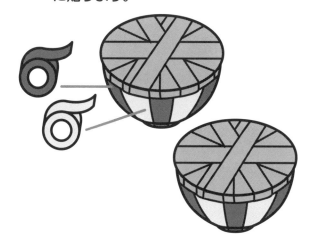

3 側面の上部に、ビニールテープを横に貼ります。

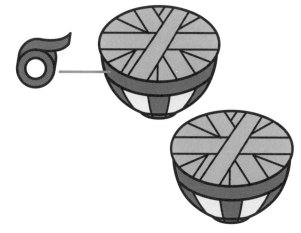

4 ふたつのボンゴを裏がえして並べ、ビニールテープでつなげます。

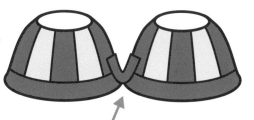

ビニールテープでつなげます。

あそびかた

あぐらをかいた状態でひざの上にボンゴを乗せ、両手でひとつずつたたきます。

！アドバイス

★布テープは、たるまないようにピンと引っぱりながら貼りましょう。

★ひざの上に乗せる際には、ボンゴがひざからすべり落ちないように、あぐらをかいた状態で乗せます。なお、ひざではなく机やテーブルに置いてたたいてもいいでしょう。

シャカシャカシェイカー

準備するもの

- ・トイレットペーパーの芯
- ・ビーズ（10〜15gくらい）
- ・千代紙
- ・色画用紙
- ・はさみ
- ・セロハンテープ
- ・ビニールテープ
- ・のり
- ・えんぴつ

つくりかた

① トイレットペーパーの芯と同じ幅に切った千代紙を巻き、巻きはじめをセロハンテープで、巻き終わりをのりでとめます。

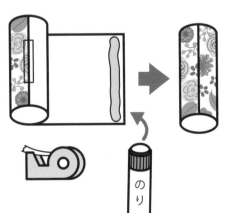

のり

② 7〜8cm四方に切った色画用紙にトイレットペーパーの芯を置き、穴の大きさより1cmくらい外側をえんぴつでなぞり、切り取ります。これをふたつつくります。

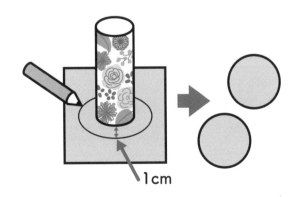

1cm

3 ❷で切った2枚の色画用紙を芯の穴の部分にあてて丸い型をつけ、絵のように型の外側を少し切ります。

4 ❸の1枚を芯の穴の部分にあてて、まわりをセロハンテープでとめ、ビニールテープを貼ります。

ビニールテープ

5 芯の中にビーズを入れ、もう片方の穴にも❹と同様に色画用紙とビニールテープをつけます。

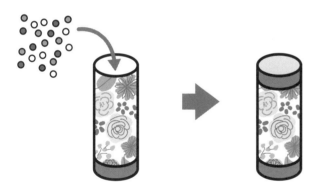

あそびかた

片手の親指とそれ以外の指先でシェイカーをはさむように持ち、上下にふって音を出します。

シャカ
シャカ

⑦ドバイス

★千代紙の代わりに、画用紙に好きな絵を描いたものを貼ったり、折り紙を貼って好きなシールやマスキングテープで飾ってもいいでしょう。
★ビーズの代わりにあずきを入れてもいいでしょう。

6 楽器であそぼう

66〜73ページでつくった楽器を使って、歌に合わせてみんなで合奏をしましょう。歌詞の「♪ランランラン」「♪シャンシャンシャン」「♪タンタンタン」「♪シャララランラン」のところで、音を鳴らします。

楽器であそぼう

作詞／作曲：井上明美

がっ きで あ そ ぼう　ラン ラン ラン

いろ んな おと で　シャン シャン シャン

たの しく なら そう　タン タン タン

みん なで いっ しょに　シャラ ラン ラン

① 手づくりカルタ

準備するもの

・ボール紙、板目紙など　・クレヨン、ペンなど、あいうえお表

つくりかた

① タテ18〜20cm×ヨコ12〜14cmくらいのボール紙や板目紙などでカードをつくり、2枚を1セットとして、50音分つくります。それぞれ右上に丸を書いておきます。

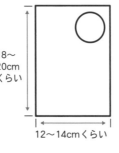

18〜20cmくらい

12〜14cmくらい

② クラス全員で、みんな違う言葉のカルタをつくります。「あいうえお表」の中から、ひとり一文字ずつ好きな文字を選びます。

ん	わ	ら	や	ま	は	な	た	さ	か	あ
	い	り	い	み	ひ	に	ち	し	き	い
	う	る	ゆ	む	ふ	ぬ	つ	す	く	う
	え	れ	え	め	へ	ね	て	せ	け	え
	を	ろ	よ	も	ほ	の	と	そ	こ	お

3 選んだ文字を2枚のカードの丸の中に書きます。
1枚にはそれに続く文章を考えて書き、もう1枚
には、その文章をイメージする絵をクレヨンや
ペンなどで自由に描きます。

あそびかた

クラス全員のカルタ（絵を描いた方）を床に円状に並べます。子どもたちをいくつかのグループに分け、
カルタを囲むようにして並び、ひとり1回カルタとりに参加できるようにします。保育者が読み手となり、
カルタとりをします。グループでとったカルタの枚数を競います。

アドバイス

★50音のうち、余った文字は保育者がつくってもいいでしょう。
★文字が書ける年長児向けの工作あそびです。

おにをたおそう!

準備するもの

・トイレットペーパーのしん(6本)
・折り紙
・画用紙
・輪ゴム
・はさみ
・のり
・セロハンテープ
・カッター
・クレヨン、ペンなど

つくりかた

1 トイレットペーパーのしんに、同じ大きさに切った折り紙を巻いて、のりで貼ります。
これを5つつくります。

2 ①のひとつのしんに、2cmくらいの切りこみを2ヶ所入れ、輪ゴムをかけて、内側をセロハンテープでとめます。

セロハンテープ

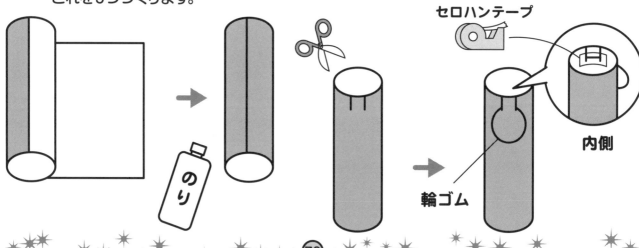

のり

輪ゴム

内側

3 画用紙に、おにの目や口、つのなどを描いて切りとり、①の残りのしんに貼り、おにの顔にします。これを4つつくります。

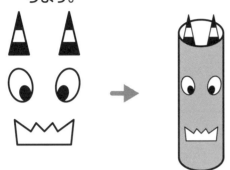

4 ③のおにの顔に、クレヨンやペンなどで、まゆ毛や鼻を描きます。

5 別のトイレットペーパーのしんを2cmの幅にカッターで切ります。
これを5つつくります。

2cm

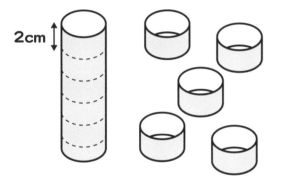

6 2cmの幅に切ったおり紙を⑤に巻いて、のりで貼ります。
向かい合わせになる2ヶ所に、はさみで切りこみを入れます。

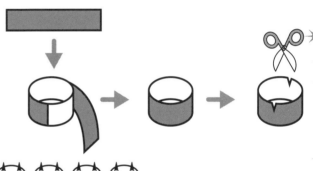

あそびかた

おには、並べて立てておきます。
②のしんの輪ゴムを、⑥の切りこみに引っかけて手前に引き、ねらったおににあてて、たおします。

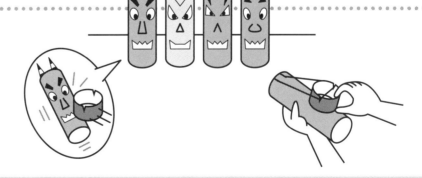

⑦ドバイス

★一定時間で、誰が一番おにをたおせたかを競ってもおもしろいでしょう。
★他の人に向けて飛ばさないように注意しましょう。

紙コップ・ひな人形

準備するもの

- ・紙コップ
- ・千代紙
- ・折り紙
- ・画用紙
- ・色画用紙
- ・牛乳パック
- ・はさみ
- ・のり
- ・クレヨン、ペンなど
- ・定規

つくりかた

1 おだいり様とおひな様の着物の部分を、折り紙、千代紙でつくり、絵のように紙コップにかぶせます。

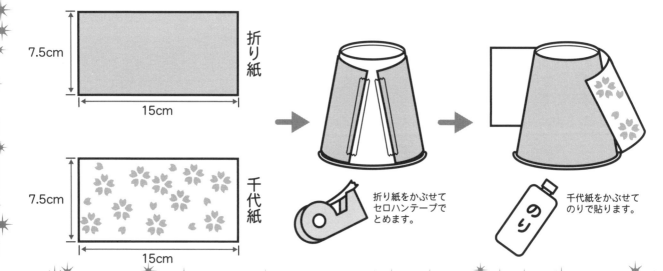

7.5cm / 15cm　折り紙

7.5cm / 15cm　千代紙

折り紙をかぶせて
セロハンテープで
とめます。

千代紙をかぶせて
のりで貼ります。

② 画用紙を丸く切ってクレヨンやペンなどで顔を描き、❶の紙コップに貼ります。

③ 折り紙で小物をつくり、おだいり様、おひな様にそれぞれ貼ります。

④ 牛乳パックを絵のように折って箱型にし、上から赤い色画用紙を貼り、
さらに千代紙を貼ります。おだいり様、おひな様をのせて完成です。

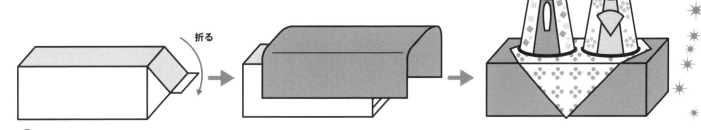

折る

⑦ドバイス

牛乳パックの代わりに、ふつうの箱を使ってもいいでしょう。

準備するもの

- 色画用紙
- 画用紙
- 折り紙
- のり
- はさみ
- 木の棒
- 新聞紙
- ビニールテープ
- セロハンテープ
- 定規

つくりかた

1 色画用紙ののりしろ部分2cmと、残りの部分を半分に折り、のりしろ部分を貼ります。

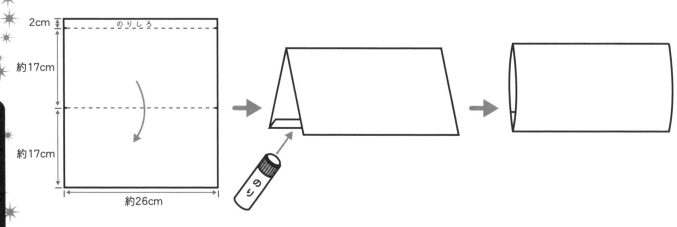

2cm
のりしろ
約17cm
約17cm
約26cm

2 しっぽの部分を絵のように切り、切った三角を背と腹に貼ります。

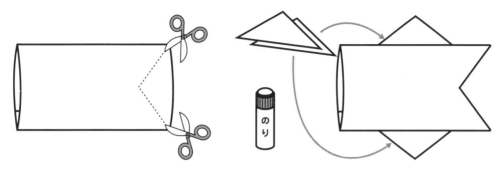

3 画用紙や折り紙で目をつくって貼ります。また、うろこの部分は折り紙を4つ折りにして、絵のように切り、のりしろ部分をこいのぼりに貼ります。

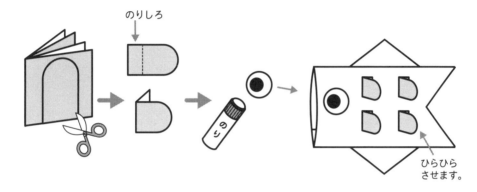

のりしろ

ひらひら
させます。

4 40〜50cmの木の棒の先に新聞紙をまるめて、ビニールテープで巻きつけます。こいのぼりをセロハンテープで木の棒に貼りつけます。

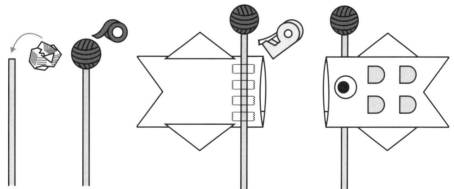

アドバイス

★うろこは、それぞれ違う色を貼ると楽しいでしょう。
★年少児は、うろこを貼る代わりに手形をつけてもいいでしょう。

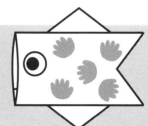

5 あじさいのちぎり絵

準備するもの

・画用紙
・和紙（青、水色、紫、ピンクなど、あじさいの色に近い色のもの）
・のり
・クレヨン、ペンなど

つくりかた

 1 画用紙にあじさいの輪郭を描きます。

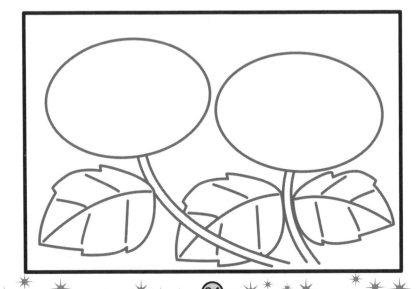

2 和紙をちぎって、花の部分にのりで貼りつけていきます。

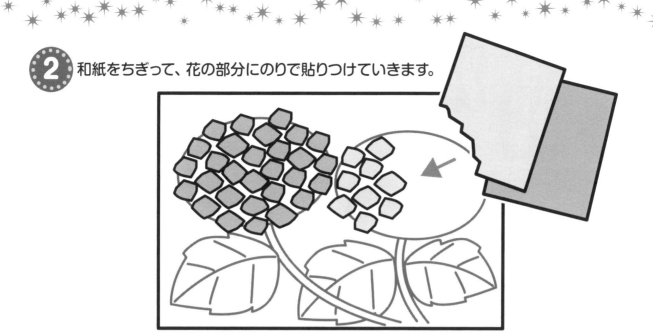

3 葉や茎の部分に、クレヨンやペンなどで色をつけます。

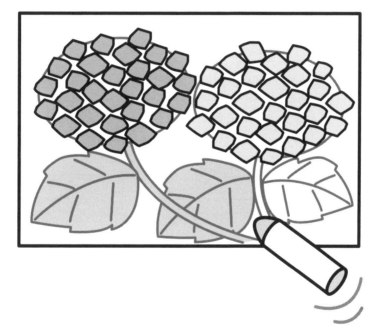

⑦ドバイス

★画用紙のうらに、ひとまわり大きい色画用紙を貼ると、飾ったときに、より見栄えがよくなります。

★あじさいの他に、ぶどうのちぎり絵などをつくってもきれいです。

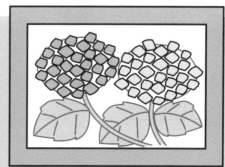

季節の工作 6 たなばた飾り

準備するもの

- ・ボール紙、板目紙など
- ・色画用紙
- ・折り紙
- ・クレヨン、ペンなど
- ・のり
- ・はさみ
- ・輪ゴム
- ・ホチキス
- ・定規

つくりかた

1. 星のかんむり

1 ボール紙や板目紙を星形に切り、おびの部分も切ります。星形に黄色い折り紙を貼ります。

黄色い折り紙

3cm
38cm

貼る

2 おびを輪にして輪ゴム2本をつなげ、ホチキスでとめます。

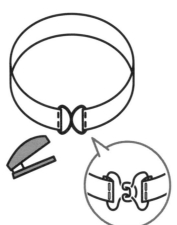

3 おびに❶の星形を貼ります。

季節の工作

2. ささ飾り　＜ちょうちん＞

 色画用紙を巻いて筒状に貼ります。

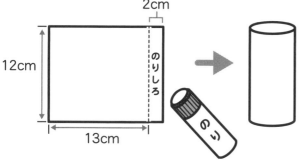

② 折り紙を半分に折り、のりしろ部分も折ります。絵のように折って開き、切り線をつけ、のりしろ部分を残して切ります。

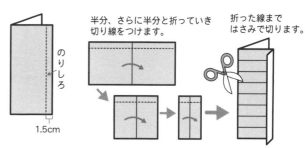

半分、さらに半分と折っていき切り線をつけます。

折った線まではさみで切ります。

③ ①の筒に②を貼りつけ、1.5cm幅に切った2本の折り紙を上下に貼ります。

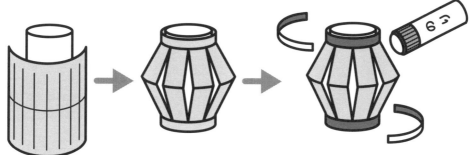

＜天の川＞
半分に折った折り紙をさらに半分に折り、交互に切って広げます。

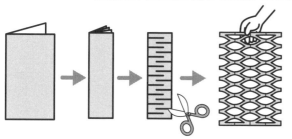

＜短冊＞
色画用紙を $\frac{1}{6}$ に切って、子どもたちに大きくなったらなりたいものを書いてもらいます。

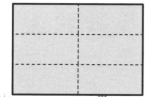

折り紙をタテ8等分に切り、輪つなぎもつくります。つくったものに糸をつけて、ささの葉に飾ります。

ハロウィン飾り

準備するもの

- ・色画用紙
- ・折り紙
- ・クレヨン、ペンなど
- ・ひも
- ・ボンド、のりなど
- ・はさみ

つくりかた

① 茶色い色画用紙を2枚重ねて、かぼちゃの形に切ります。
重ね合わせたときに、おもてうらになるように折り紙やクレヨン、ペンなどで目、口、頭の
部分などをつくります。

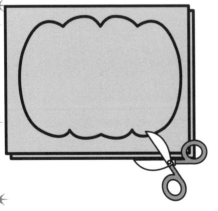

② グレー、黄色、黒の色画用紙をそれぞれ2枚重ね、グレーはおばけの形、黄色は月の形、黒はコウモリの形に切ります。
重ね合わせたときに、それぞれおもてうらになるように、折り紙やクレヨン、ペンなどで目や口の部分などをつくります。

③ 1本のひもに、①②でつくったかぼちゃやおばけ、月、コウモリをそれぞれ2枚貼り合わせ、上からつるして飾ります。

両面を
貼り合わせます。

⑦ドバイス

ハロウィンの意味などを子どもたちに話してあげましょう。

秋のタペストリー

準備するもの

- カラー段ボール紙
- 画用紙
- 落ち葉、枯れ枝、どんぐり、まつぼっくりなど
- クレヨン、ペンなど
- ボンド、のりなど

つくりかた

1 公園などで、いろいろな形の落ち葉や枯れ枝、どんぐり、まつぼっくりなどを拾ってきます。

2 画用紙にクレヨンやペンなどで好きな絵を描きます。

季節の工作

3 カラー段ボール紙のまん中に❷の画用紙の絵を貼りつけます。

4 絵のまわりに落ち葉や枯れ枝、どんぐり、まつぼっくりなどをボンドで貼りつけて飾ります。

⑦ドバイス

★絵の代わりに、大きくプリントした子どもの写真などを飾ってもいいでしょう。
★みんなの作品を壁に飾るときれいです。

サンタのプレゼント

準備するもの

- ・画用紙
- ・色画用紙
- ・赤い折り紙（2枚）
- ・クレヨン、ペンなど
- ・広告チラシ
- ・のり
- ・はさみ

つくりかた

1 赤い折り紙2枚を下記のように折って、サンタをつくります。

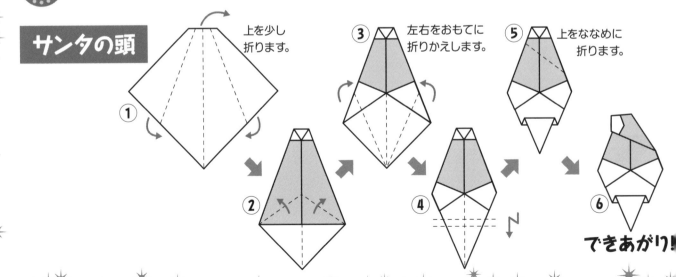

サンタの頭

① 上を少し折ります。

②

③ 左右をおもてに折りかえします。

④

⑤ 上をななめに折ります。

⑥ できあがり！

サンタの胴体

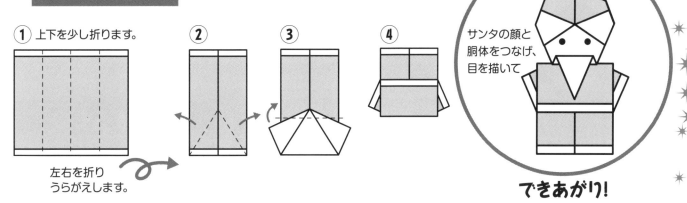

① 上下を少し折ります。

左右を折り
うらがえします。

②

③

④

サンタの顔と
胴体をつなげ、
目を描いて

できあがり!

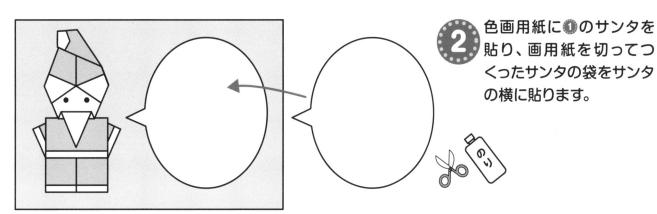

2 色画用紙に❶のサンタを
貼り、画用紙を切ってつ
くったサンタの袋をサンタ
の横に貼ります。

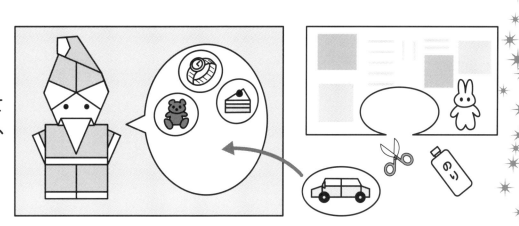

3
広告チラシの中から、
自分がプレゼントして
欲しいものを切り取り、
袋の中に貼ります。

⑦ドバイス
広告を切り取る替わりに、自分の欲しいものを袋の中にクレヨンなどで描いてもいいでしょう。

10 クリスマスベル

準備するもの

- ・紙コップ
- ・折り紙
- ・ホイル折り紙
- ・リボン
- ・鈴
- ・ボンド、のりなど
- ・はさみ
- ・セロハンテープ
- ・ボールペン

つくりかた

1 折り紙を4等分して切り、さらに4つに折って花の形などに切り、広げます。

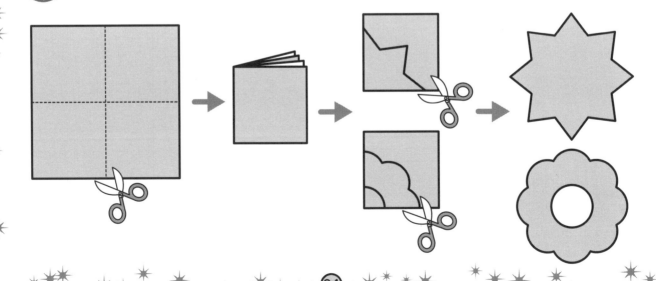

② 紙コップの側面や底に、**①**で切った折り紙やホイル折り紙を自由に切ったものなどを貼りつけていきます。

③ 紙コップの底のまん中に、ボールペンの先などで穴をあけ、20cmくらいの長さのリボンを通して、紙コップの中で鈴に結びます。
ちょうちょう結びにした別のリボンを底の部分につけて完成です。

20cmくらい

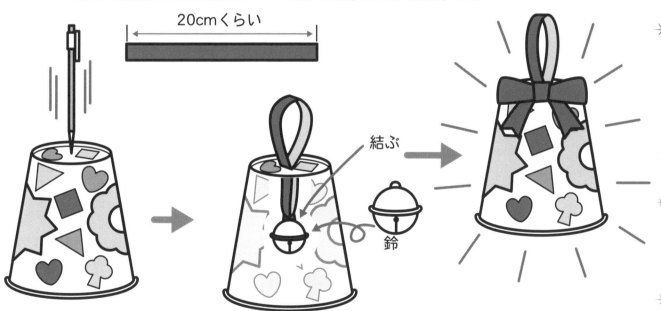

結ぶ

鈴

⑦ドバイス

★折り紙を貼る代わりに、クレヨンなどで自由に絵を描いてもいいでしょう。
★完成したクリスマスベルをみんなで鳴らして、鈴の音を楽しみましょう。

●編著者

井上 明美 （いのうえ あけみ）

国立音楽大学教育音楽学科幼児教育専攻卒業。卒業後は、㈱ベネッセコーポレーション勤務。在籍中は、しまじろうのキャラクターでおなじみの『こどもちゃれんじ』の編集に創刊時より携わり、音楽コーナーを確立する。退職後は、音楽プロデューサー・編集者として、音楽ビデオ、CD、CDジャケット、書籍、月刊誌、教材など、さまざまな媒体の企画制作、編集に携わる。

2000年に編集プロダクション アディインターナショナルを設立。主な業務は、教育・音楽・英語系の企画編集。同社代表取締役。http://www.ady.co.jp

同時に、アディミュージックスクールを主宰する。http://www.ady.co.jp/music-school

著書に、『年間行事に合わせて使える保育のあそびネタ集』、『ヒット曲＆人気曲でかんたんリトミック』『歌と名作で楽しむ スケッチブックでシアターあそび』（いずれも自由現代社）、『脳と心を育む、親子のふれあい音楽あそびシリーズ』＜リズムあそび、音感あそび、声まね・音まねあそび、楽器づくり、音のゲームあそび＞（ヤマハミュージックエンタテインメント）他、多数。

●情報提供

学校法人 東京吉田学園 久留米神明幼稚園／小林由利子　齊藤和美　富澤くるみ　西川綾の　安部美紀

●編集協力

アディインターナショナル／大門久美子、新田 操

●イラスト作成

太中トシヤ

●デザイン作成

軽部恭子

使える！保育のあそびネタ集　工作あそび編 ──── 定価（本体1400円＋税）

編著者————井上明美（いのうえあけみ）
表紙デザイン——オングラフィクス
発行日————2024年6月30日
編集人————真崎利夫
発行人————竹村欣治
発売元————株式会社自由現代社
〒171-0033　東京都豊島区高田 3-10-10-5F
TEL03-5291-6221/FAX03-5291-2886
振替口座 00110-5-45925

ホームページ——http://www.j-gendai.co.jp

●本書で使用した楽曲は、内容・主旨に合わせたアレンジによって、原曲と異なる又は省略されている箇所がある場合がございます。予めご了承ください。
●無断転載、複製は固くお断りします。●万一、乱丁・落丁の際はお取り替え致します。